Gesunde Babynahrung mit dem Magic Maxx

Dr. Barbara Rias-Bucher

Gesunde Babynahrung mit dem Magic Maxx

Weltbild

Inhalt

Babybrei – das Beste für Ihr Baby

Das Wichtigste beim Füttern Ihres Babys ist Gelassenheit. Gönnen Sie ihm die nötige Ruhe bei seinem ersten Brei. Denn saugen an Brust oder Fläschchen kann jedes Baby mit Beginn seines Lebens, während es vom Löffel essen erst lernen muss. Dabei entwickelt es auch rasch bestimmte Vorlieben: Wenn Baby den Apfel auf dem Speiseplan nicht mag, versuchen Sie es deshalb mit Birne oder Aprikose, – falls die Jahreszeit dafür ist. Beim Zufüttern müssen Sie nur zwei wichtige Regeln beachten: Erstens sollten Sie ausschließlich Lebensmittel wählen, die Säuglinge gut vertragen (-> Kasten auf Seite 6). Zweitens sollten Sie Abwechslung meiden, damit sich ein intaktes Immunsystem aufbaut und das kindliche Verdauungssystem nicht überfordert wird.

Altersgerecht füttern

Der Aufbau dieses Buches ist ganz einfach und folgt den Empfehlungen des Forschungsinstituts für Kinderernährung in Dortmund: Erst gibt es Möhre pur, dann werden allmählich immer mehr Obst- und Gemüsesorten mit geringem Allergierisiko eingeführt. Weiter geht es mit Kartoffeln und Fleisch oder vegetarischem Brei, der Ihr Baby mit genügend Eiweiß und Eisen versorgt. Als Sattmacher anstelle von Mutter- oder Fertigmilch kommen ab dem siebten Monat noch Getreide und Milch hinzu. Wenn Sie dem Aufbau des Buches folgen, bekommt Ihr Kind also genau die Kost, die es in seiner jeweiligen Entwicklungsphase braucht und die Ihnen das Abstillen erleichtert.

Zum Füttern eignet sich ein flacher, schmaler Löffel, von dem Ihr Kind den Brei auch lutschen kann.

Die B(r)ei-Kost aufbauen

In den ersten sechs Lebensmonaten ist Muttermilch die optimale Nahrung, weil sie alle Stoffe enthält, die das Kind für eine gesunde Entwicklung braucht. Wenn Sie nicht stillen können, bekommt Ihr Baby eine allergenarme Säuglingsnahrung. Darüber informiert Sie der Kinderarzt.

Mit Beginn des sechsten Monats leeren sich allmählich die Nährstoffspeicher, die sich Ihr Kind im Mutterleib angelegt hat; vier Milchmahlzeiten allein reichen nicht mehr. Jetzt müssen Sie mittags einen herzhaften Brei zufüttern. Rezepte dazu finden Sie von Seite 10 bis 43. Für die restlichen vier Mahlzeiten geben Sie wie gewohnt Brust oder Fläschchen.

Ab dem siebten Monat führen Sie als Zwischenmahlzeit am Nachmittag einen vitaminreichen Brei mit Getreide und Obst ein. Zwei bis vier Wochen später können Sie diesen Brei dann mit Kuhmilch ergänzen und als sättigendes

Abendessen füttern. Muttermilch oder Fläschchen als erste und zweite Mahlzeit morgens mag Ihr Kind das ganze erste Lebensjahr, obwohl es sich ab dem zehnten Monat allmählich an die normale Familienkost gewöhnen wird.

Der Magic Maxx

Der Magic Maxx ist ideal für Babys Brei, weil Sie darin gut die wenigen Zutaten zerkleinern können. In großen Standmixern oder Blitzhackern bleiben so kleine Mengen oft an den Wänden des Gefäßes haften und lassen sich dann nicht mehr pürieren. Für den Brei der ersten Monate reichen die kleinen Magic Maxx Becher, danach nehmen Sie die großen Becher oder den Magic Maxx Mixer. Genaue Angaben finden Sie jeweils beim Rezept.

Verschiedene Lebensmittel wie Zitrusfrüchte, Honig, Nüsse und Gewürze sind für Babys unverträglich und sollten daher gemieden werden.

Die jeweiligen Zutaten müssen Sie vorab in gleichmäßige Stücke klein schneiden, damit sie beim Garen weich genug für einen geschmeidigen Brei werden. Die gekochten Zutaten füllen Sie gleich in den Becher des Magic Maxx und lassen sie darin lauwarm oder auf Esstemperatur für Ihr Baby abkühlen.

Bitte benutzen Sie den Magic Maxx nur gemäß der Bedienungsanleitung. Beachten Sie vor allem, dass das Gerät nicht länger als 60 Sekunden am Stück laufen darf. Anschließend muss eine Abkühlzeit von zwei Minuten eingehalten werden. Die meisten Arbeitsgänge dauern aber ohnehin nur bis zu 30 Sekunden. Verwenden Sie zur Sicherheit einfach eine Stoppuhr oder eine Digitaluhr.

Verträgliche Lebensmittel für Babys

- ✓ Nährstoffreiches Gemüse, das nicht bläht: Möhren, Pastinaken, Fenchel, Zucchini, Kürbis, Brokkoli, Blumenkohl.
- ✓ Vitaminreiches Obst mit wenig Säure: Apfel, Birne, Banane, Aprikose, Pfirsich, Nektarine, Heidelbeeren. Alle Früchte werden geschält, entsteint und püriert. Grundsätzlich gilt: Zuerst gegartes Obst oder Obstsaft, dann erst rohes Obst füttern.
- ✓ Pflanzenöl für den Fettbedarf: Maiskeimöl, Sonnenblumenöl, Rapsöl, Olivenöl. Sobald Sie Kuhmilch in die Ernährung aufnehmen, können Sie auch immer wieder Butter wählen.
- ✓ Mageres Fleisch als Eiweiß- und Eisenlieferant: Rind, Kalb, Schwein, Lamm und Geflügel. Fleisch für Babys sollte aus artgerechter Tierhaltung stammen.
- ✓ Leicht verdauliches, allergenarmes Getreide: Haferflocken, Hirseflocken, Reisflocken, Milchreis, Weichweizengrieß, Dinkelgrieß.
- ✓ Milchprodukte erst ab dem siebten Monat: Vollmilch, Sahne.

Gefüttert wird am besten direkt aus dem Becher – das spart zusätzlichen Abwasch. Der hygienisch schließende Schraubverschlussdeckel des Magic Maxx Bechers ist auch dann äußerst praktisch, wenn Sie die Milchmahlzeit und den Brei kombinieren wollen. Den fertigen Brei können Sie ganz einfach im geschlossenen Becher so lange warm halten, bis das Baby mit dem Trinken fertig ist.

Der handliche Magic Maxx kann immer griffbereit in der Küche stehen und lässt sich rasch zusammenbauen und reinigen.

1 Zum Pürieren verwendet man das Kreuzmesser.

2 Verwenden Sie zum Nachschieben immer den weißen Stopfer, greifen Sie niemals mit einem anderen Gerät oder gar den Händen in den Mixer!

3 Zum schnellen Säubern der Teile nehmen Sie einfach eine Flaschenbürste, heißes Wasser und Spülmittel. Zum Trocknen stellen Sie den Mixer auf ein Küchentuch. Wenn Sie das Messer zwischendurch reinigen, müssen Sie es abtrocknen, bevor Sie es wieder auf den Motorblock setzen.

Unverträgliche Lebensmittel für Babys

- ✗ Paprikaschoten, Spinat, Tomaten
- ✗ Zitrusfrüchte, Saft von Orangen, Zitronen und Grapefruit, Rhabarber, Erdbeeren, exotische Früchte
- ✗ Fleisch aus Massentierhaltung, Wild, Wurst, Schinken
- ✗ Margarine, Schweineschmalz, Kokosfett
- ✗ Zucker, Honig und andere Süßungsmittel, Süßstoffe, Zuckeraustauschstoffe
- ✗ Salz, Nüsse, Gewürze, Essig

Herzhafter Babybrei

Herzhafte Breie mit Gemüse, Kartoffeln und Fleisch sind die erste Beikost für Ihr Baby, solange Sie noch stillen oder Fertigmilch füttern. Beginnen Sie am besten im sechsten Monat, indem Sie zur »Mittagsmilch« ein wenig Möhrenbrei geben. Dann führen Sie schrittweise ein Lebensmittel nach dem anderen ein, bis Sie mit nahrhaftem Gemüse-Kartoffel-Fleisch-Brei diese Milchmahlzeit ersetzen können. Morgens, nachmittags und abends geben Sie Ihrem Baby wie gewohnt die Brust oder das Fläschchen. Jeder der 18 Breie auf den folgenden Seiten ist nach den Regeln moderner Säuglingsernährung mit geringem Allergierisiko zusammengestellt. Und damit Sie nicht lange blättern müssen, finden Sie wichtige Tipps und oft gestellte Fragen direkt beim Rezept.

Der erste Möhrenbrei

Ab dem 6. Monat **Ergibt 1 Portion**
Sie brauchen einen kleinen Becher, Kreuzmesser
Arbeitszeit 5 Minuten **Garen und Abkühlen 30 Minuten**

1 junge Möhre • 5 EL stilles Mineralwasser (-> Seite 16)

1 Die Möhre waschen, schaben und in dünne Scheiben schneiden. Das Mineralwasser in einem kleinen Topf aufkochen, die Möhre zugeben, erneut aufkochen und zugedeckt bei schwacher Hitze in etwa 10 Minuten weich dünsten.

2 Die Möhre mit Kochwasser in den kleinen Becher des Magic Maxx geben, das Kreuzmesser aufschrauben, einmal kräftig schütteln und pürieren.

Warum Sie Möhren als ersten Brei füttern sollten

Möhren schmecken aufgrund ihres hohen natürlichen Zuckergehaltes angenehm süß – genau wie Muttermilch. Für Ihr Baby bedeutet Zufüttern der festen Nahrung eine gewaltige Umstellung, die Sie ihm natürlich erleichtern sollten. Zudem sind Möhren leicht verdaulich und gesund. Die darin enthaltenen Karotinoide sorgen für ein starkes Immunsystem, fördern das Wachstum und gutes Sehen. Damit Ihr Baby das wichtige Betakarotin auch nutzen kann, muss der Brei so bald wie möglich noch etwas Fett enthalten – im Rezept auf der nächsten Seite finden Sie Maiskeimöl, das Sie auch durch Sonnenblumen- oder Rapsöl ersetzen können. Butter ist für Säuglinge im sechsten Monat noch nicht geeignet.

Unsere Tipps

! Zu Beginn des Zufütterns schafft Ihr Baby vermutlich nur ein paar Teelöffel Möhrenbrei! Denn noch ist es Saugen gewohnt; essen muss es erst lernen. Ob Sie den Brei vor dem Stillen oder danach füttern, entscheiden Sie selbst. Die einschlägigen Babybücher geben dazu keine einheitlichen Ratschläge.

! Sehr hungrige Säuglinge wollen lieber erst die Brust; versuchen Sie es dann nach der halben Mahlzeit erneut mit Möhrenbrei. Wenn Ihr Kind Sie immer wieder neugierig beim Essen beobachtet, mag es den Brei vielleicht schon vorab und stillt seinen Hunger danach mit Muttermilch oder Fläschchen.

Möhrenbrei mit Keimöl

Ab dem 6. Monat — **Ergibt 1 Portion**
Sie brauchen einen kleinen Becher, Kreuzmesser
Arbeitszeit 5 Minuten — **Garen und Abkühlen 30 Minuten**

1 junge Möhre • 5 EL stilles Mineralwasser (-> Seite 16)
1–2 Tropfen Maiskeimöl

1 Die Möhre waschen, schaben und in dünne Scheiben schneiden. Das Mineralwasser in einem Topf aufkochen, die Möhrenscheibchen zugeben, erneut aufkochen und zugedeckt bei schwacher Hitze in etwa 10 Minuten weich dünsten.

2 Die Möhre mit dem Kochwasser und dem Keimöl in den kleinen Becher des Magic Maxx geben und lauwarm abkühlen lassen. Das Kreuzmesser aufschrauben, einmal kräftig schütteln und pürieren.

Ernährungstipp

Das Keimöl sollte die erste Zutat sein, die Sie dem Möhrenbrei zufügen. Denn nur Fett hilft Ihrem Baby, das wichtige Betakarotin (-> Seite 10) im Brei gut zu verwerten. Als dritte Zutat folgt dann Apfelsaft, der mit Vitamin C angereichert sein kann (-> Rezept auf Seite 14). Natürlich enthalten auch Zitrusfrüchte sehr viel Vitamin C. Doch der Saft von Orangen oder gar Zitronen ist für Säuglinge zu sauer, und die meisten Kinder reagieren mit einem wunden Po.

Unsere Tipps

! Bauen Sie während des ersten Monats die Beikost langsam auf: Pro Woche sollten Sie nur ein neues Lebensmittel einführen. Damit Sie feststellen können, ob Ihr Kind die neue Zutat verträgt, füttern Sie die neue Kombination einige Tage lang. Treten in dieser Zeit keine Symptome auf, nehmen Sie das nächste Lebensmittel in den Speiseplan auf.

! Manche Kinder reagieren auf Möhren mit Verstopfung oder Hautproblemen. In diesem Fall nehmen Sie Pastinaken (-> Rezept auf Seite 22), Zucchini oder Kürbis (-> Rezept auf Seite 14). Auch Brokkoli (-> Rezept auf Seite 18) ist ab dem sechsten Monat eine betakarotinreiche Alternative zu Möhren.

Möhrenbrei mit Saft

Ab dem 6. Monat — **Ergibt 1 Portion**
Sie brauchen einen kleinen Becher, Kreuzmesser
Arbeitszeit 5 Minuten — **Garen und Abkühlen 30 Minuten**

1 junge Möhre • 3 EL stilles Mineralwasser (-> Seite 16)
3 EL Apfelsaft mit Vitamin C • 2 TL Sonnenblumenöl

1 Die Möhre schaben und schneiden. Mit dem Mineralwasser aufkochen und zugedeckt bei schwacher Hitze in etwa 10 Minuten weich dünsten.

2 Die Möhre mit dem Kochwasser, dem Saft und dem Öl im kleinen Becher des Magic Maxx lauwarm abkühlen lassen. Mit dem Kreuzmesser pürieren.

Kürbisbrei

Ab dem 6. Monat — **Ergibt 1 Portion**
Sie brauchen einen kleinen Becher, Kreuzmesser
Arbeitszeit 5 Minuten — **Garen und Abkühlen 30 Minuten**

90 g rotes Hokkaido-Kürbisfleisch • 1/8 l stilles Mineralwasser (-> Seite 16)
3 EL Apfelsaft mit Vitamin C • 2 TL Maiskeimöl

Den Kürbis klein würfeln, mit dem Mineralwasser aufkochen und zugedeckt bei schwacher bis mittlerer Hitze in etwa 10 Minuten weich dünsten. Dann mit dem Kochwasser, dem Saft und dem Öl in den kleinen Becher des Magic Maxx geben, lauwarm abkühlen lassen und pürieren.

Kartoffel-Möhrenbrei

Ab dem 6. Monat **Ergibt 1 Portion**
Sie brauchen einen kleinen Becher, Kreuzmesser
Arbeitszeit 5 Minuten **Garen und Abkühlen 30 Minuten**

50 g Kartoffel • 1 junge Möhre • 6 EL stilles Mineralwasser
3 EL Apfelsaft mit Vitamin C • 2 TL Sonnenblumenöl

1 Die Kartoffel und die Möhre waschen, schälen und in dünne Scheiben schneiden. Beide Zutaten mit dem Mineralwasser in einen kleinen Topf geben, aufkochen und zugedeckt bei schwacher bis mittlerer Hitze in etwa 10 Minuten weich dünsten.

2 Die Kartoffel und die Möhre mit dem Kochwasser, dem Saft und dem Öl in den kleinen Becher des Magic Maxx geben und lauwarm abkühlen lassen. Das Kreuzmesser aufschrauben, alles kräftig schütteln und pürieren.

Warum sind Kartoffeln so gut für Babys?

Kartoffeln enthalten viel Vitamin C und reichlich Kalium. Dieser Mineralstoff unterstützt den kindlichen Organismus bei der Bildung von Zellmasse und körpereigenem Eiweiß. Kartoffeln sind für Ihr Baby zunächst also viel wichtiger als Reis oder Nudeln, die zwar ebenfalls wichtige Kohlenhydrate liefern, aber nicht die wichtige Vitamin C- und Kaliumversorgung sichern.

Ernährungstipp

Die beste und wirklich sichere Alternative zum Trinkwasser aus der Leitung ist stilles Mineralwasser mit dem Vermerk »für die Zubereitung von Säuglingsnahrung geeignet«. Das heißt, es enthält wenig Kochsalz und Nitrat. Wenn Sie Leitungswasser nehmen wollen, erkundigen Sie sich erst beim zuständigen Wasserwerk nach dem Nitratgehalt. Das Wasser darf maximal 40 mg Nitrat pro Liter enthalten. Außerdem müssen Sie sicher sein, dass in Ihrem Haus bzw. Ihrer Wohnung keine alten Blei- oder neue Kupferrohre verlegt sind. Beide Metalle schaden Ihrem Baby. Lassen Sie das Wasser erst etwa eine Minute laufen, ehe Sie es für die Zubereitung von Babybrei verwenden.

Brokkolibrei mit Kartoffeln

Ab dem 6. Monat **Ergibt 1 Portion**
Sie brauchen einen großen Becher, Kreuzmesser
Arbeitszeit 10 Minuten **Garen und Abkühlen 30 Minuten**

90 g Brokkoliröschen • 40 g Kartoffel • 1/8 l stilles Mineralwasser (-> Seite 16) • 50 g geschälter Apfel • 2 TL Maiskeimöl

1 Den Brokkoli und die Kartoffel waschen, die Kartoffel schälen. Beide Zutaten fein zerkleinern.

2 Die Kartoffel mit dem Mineralwasser aufkochen, Brokkoli zugeben, erneut aufkochen und zugedeckt bei schwacher bis mittlerer Hitze in etwa 10 Minuten weich dünsten.

3 Den Brokkoli und die Kartoffel mit dem Kochwasser, dem zerkleinerten Apfel und dem Öl in den großen Becher des Magic Maxx geben und lauwarm abkühlen lassen. Das Kreuzmesser aufschrauben, alles kräftig schütteln und pürieren.

Ernährungstipp

Brokkoli ist leicht verdaulich und enthält Glucosinolate, schwefelhaltige Verbindungen, die vor Infektionen schützen. Wie jedes dunkelgrüne Gemüse liefern Brokkoli und sein grüner Blumenkohl-Verwandter Romanesco dazu noch reichlich Betakarotin (-> Seite 10). Beide Kohlsorten können Sie statt Möhren füttern. Da beide Gemüse nicht rund ums Jahr frisch zu kriegen sind, nehmen Sie gegebenenfalls Tiefkühlware. Wichtig: Kaufen Sie das Tiefkühlgemüse pur, nicht eine Zubereitung mit Sahne, Crème fraîche oder Gewürzen.

Zeit sparen mit Gläschen-Brei?

Notfalls können Sie selbstverständlich auf Gläschen-Brei zurückgreifen. Denn der Brei aus dem Glas ist sowohl hygienisch einwandfrei als auch frei von Schadstoffen. Achten Sie jedoch auf die Zutatenliste: Tomatenmark, Zwiebeln, Milch und Gewürze sollten nicht enthalten sein. Und füttern Sie genau wie beim selbst gekochten Brei nicht zu viele Zutaten auf einmal.

Zucchinibrei mit Rind

Ab dem 7. Monat **Ergibt 1 Portion**
Sie brauchen einen großen Becher, Kreuzmesser
Arbeitszeit 10 Minuten **Garen und Abkühlen 30 Minuten**

20 g Rinderfilet • 50 g Kartoffel • 100 g junge schlanke Zucchini
1/8 l stilles Mineralwasser (-> Seite 16) • 3 EL Apfelsaft mit Vitamin C
2 TL Maiskeimöl

1 Das Fleisch klein würfeln. Die Kartoffel und die Zucchini waschen. Die Kartoffel schälen, die Zucchini von Stiel- und Blütenansatz befreien. Beide Zutaten in dünne Scheiben schneiden.

2 Die Kartoffel mit dem Mineralwasser aufkochen, das Fleisch und die Zucchini zugeben, erneut aufkochen und zugedeckt bei schwacher bis mittlerer Hitze in etwa 10 Minuten weich dünsten.

3 Das Fleisch, die Kartoffel und die Zucchini mit dem Kochwasser, dem Apfelsaft und dem Keimöl in den großen Becher des Magic Maxx geben und lauwarm abkühlen lassen. Das Kreuzmesser aufschrauben, alles kräftig schütteln und pürieren.

Unsere Tipps

! Wenn Sie mit Ihrem Baby essen wollen, nehmen Sie 100 g Fleisch, 200 g Kartoffeln und 500 g Zucchini. Alles vorbereiten und mit 400 ml Mineralwasser garen. Mit dem Kochwasser pürieren, eine Portion für den Säugling abmessen und mit Apfelsaft und Keimöl mischen. Den Rest können Sie für sich nach Wunsch würzen und mit Butter, Öl oder Schmant verfeinern.

! Sie können auch gleich ein größeres Stück Rinderfilet zubereiten: 2 Liter Wasser aufkochen, 500 g Rinderfilet zugeben, erneut aufkochen und dann zugedeckt bei schwacher Hitze in etwa 40 Minuten gar ziehen lassen, bis das Fleisch auch innen nicht mehr rosa ist. In der Brühe abkühlen lassen, in 20-Gramm-Portionen schneiden und einfrieren. Für die Zubereitung des Breis das Gemüse wie oben kochen. Das aufgetaute Fleisch klein würfeln und noch 5 Minuten mitkochen. Den Apfelsaft und das Öl dazugeben und alles pürieren.

Gemüsebrei mit Banane

Ab dem 7. Monat — **Ergibt 1 Portion**
Sie brauchen einen großen Becher, Kreuzmesser
Arbeitszeit 10 Minuten — **Garen und Abkühlen 30 Minuten**

100 g zarter Fenchel • 50 g Pastinake
1/8 l stilles Mineralwasser (-> Seite 16) • 1/2 Banane
3 EL Apfelsaft plus Vitamin C • 2 TL Raps- oder Sonnenblumenöl

1 Den Fenchel und die Pastinake waschen. Den Fenchel gegebenenfalls vom keilförmigen Strunk befreien, die Pastinake schälen. Beide Zutaten in dünne Scheiben schneiden.

2 Das Mineralwasser aufkochen, den Fenchel und die Pastinake zugeben, erneut aufkochen und zugedeckt bei schwacher bis mittlerer Hitze in etwa 10 Minuten weich dünsten.

3 Das Gemüse mit dem Kochwasser, der geschälten Banane, dem Apfelsaft und dem Öl in den großen Becher des Magic Maxx geben und lauwarm abkühlen lassen. Das Kreuzmesser aufschrauben, alles kräftig schütteln und pürieren.

Ernährungstipp

Fenchel und Pastinaken sind zwei bewährte Baby-Gemüsesorten. Die gute Wirkung von Fencheltee gegen Bauchweh und Blähungen kennen Sie gewiss. Nach neuesten Untersuchungen schützt Fenchel auch die Magenschleimhaut. Vermutlich bildet das ätherische Öl Anethol eine Barriere gegen aggressive Sauerstoffverbindungen. Das Wurzelgemüse Pastinake schmeckt Ihrem Baby so süß wie Möhre und ist so würzig wie Petersilie. Zu kaufen gibt es Pastinaken das ganze Jahr über, besonders preiswert von Anfang August bis Mitte November.

Bitte beachten

Spülen Sie die Banane vor dem Schälen heiß ab und waschen Sie sich nach dem Schälen auch die Hände. Denn die Schalen sind meist mit Konservierungsmittel behandelt, das nicht ins Fruchtfleisch gelangen sollte.

Zucchinibrei mit Pute

Ab dem 7. Monat **Ergibt 1 Portion**
Sie brauchen einen großen Becher, Kreuzmesser
Arbeitszeit 10 Minuten **Garen und Abkühlen 30 Minuten**

25 g Putenbrustfilet • 50 g Kartoffel • 100 g junge schlanke Zucchini
1/8 l stilles Mineralwasser (-> Seite 16) • 3 EL Apfelsaft mit Vitamin C
2 TL Maiskeimöl

1 Das Fleisch kalt abspülen, trocken tupfen und würfeln. Die Kartoffel und die Zucchini waschen. Die Kartoffel schälen, die Zucchini von Stiel- und Blütenansatz befreien. Beide Zutaten in dünne Scheiben schneiden.

2 Die Kartoffel mit dem Mineralwasser aufkochen, das Fleisch und die Zucchini zugeben, erneut aufkochen und zugedeckt bei schwacher bis mittlerer Hitze in etwa 10 Minuten weich dünsten.

3 Mit Kochwasser, Apfelsaft und Keimöl in den großen Becher des Magic Maxx geben und lauwarm abkühlen lassen. Das Kreuzmesser aufschrauben, alles kräftig schütteln und pürieren.

Ernährungstipp

Seefisch ist eine wichtige Jodquelle. Dennoch brauchen Sie Fisch im ersten Lebensjahr nicht zu füttern. Säuglinge decken ihren Jodbedarf im Wesentlichen durch Muttermilch oder Fertigmilch und nicht durch Brei. Außerdem zählt Fisch zu den Lebensmitteln, die häufig Allergien auslösen.

Bitte beachten

Fleisch und Geflügel für Ihr Baby sollten Sie nur bei einem Metzger Ihres Vertrauens oder im Biohandel kaufen. Neuland, ein Verein für tiergerechte und umweltschonende Nutztierhaltung, kennzeichnet Fleisch und Fleischprodukte aus artgerechter und umweltschonender Haltung mit einem Gütesiegel. Die Prüfung der Richtlinien erfolgt durch ein eigenes, unabhängiges Kontrollsystem. Informationen finden Sie im Internet unter www.neuland-fleisch.de.

Gemüsebrei mit Schweinefleisch

Ab dem 7. Monat **Ergibt 1 Portion**
Sie brauchen einen großen Becher, Kreuzmesser
Arbeitszeit 10 Minuten **Garen und Abkühlen 30 Minuten**

25 g Schweinefilet • 50 g Pastinake • 50 g Kartoffel • 50 g Blumenkohl- oder Brokkoliröschen • 1/8 l stilles Mineralwasser (-> Seite 16) 50 g geschälter Apfel • 2 TL Sonnenblumenöl

1 Das Fleisch würfeln, die Pastinake und die Kartoffel waschen, schälen und in dünne Scheiben schneiden. Blumenkohl oder Brokkoli waschen und zerkleinern.

2 Die Kartoffel mit dem Mineralwasser aufkochen, das Fleisch und Gemüse zugeben, erneut aufkochen und zugedeckt bei schwacher bis mittlerer Hitze in etwa 10 Minuten weich dünsten.

3 Die Kartoffel, das Fleisch und das Gemüse mit dem Kochwasser, dem zerkleinerten Apfel und dem Öl in den großen Becher des Magic Maxx geben und lauwarm abkühlen lassen. Das Kreuzmesser aufschrauben, alles kräftig schütteln und pürieren.

Muss man Fleisch immer frisch kochen?

Fleisch können Sie in größeren Stücken garen und als Portionen einfrieren (-> Seite 20). Gemüse-Kartoffelbrei sollten Sie zumindest im ersten Lebensjahr so oft wie möglich frisch kochen, denn das ist für die Vitaminversorgung Ihres Kindes am besten. Um mal Zeit und Arbeit zu sparen, ist Einfrieren in Ordnung. Den Brei kochen, pürieren und portionsweise einfrieren. Der Brei hält sich im Kühlschrank maximal einen Tag, in der Tiefkühltruhe bei –18 °C bis zu zwei Monate. Zum richtigen Auftauen und Erwärmen lesen Sie den Tipp auf Seite 28.

Bitte beachten

Ein Babybrei wird grundsätzlich nicht gewürzt, denn auch Salz und Gewürze sind »Zutaten«, die der kleine Organismus noch nicht verkraftet. Und weil sich sein Geschmacksempfinden erst entwickelt, stört es die eintönige Kost nicht.

Fenchelbrei mit Kalbsfilet

Ab dem 7. Monat | **Ergibt 1 Portion**
Sie brauchen einen großen Becher, Kreuzmesser
Arbeitszeit 10 Minuten | **Garen und Abkühlen 30 Minuten**

30 g Kalbsfilet • 100 g zarter Fenchel • 50 g Kartoffel
1/8 l stilles Mineralwasser (-> Seite 16) • 3 EL Apfelsaft mit Vitamin C
2 TL Rapsöl

1 Das Fleisch würfeln, den Fenchel vom Strunk befreien, die Kartoffel schälen. Den Fenchel und die Kartoffel waschen und zerkleinern.

2 Die Kartoffel mit dem Mineralwasser aufkochen, das Fleisch und den Fenchel zugeben, erneut aufkochen und zugedeckt bei schwacher bis mittlerer Hitze in etwa 10 Minuten weich dünsten.

3 Das Fleisch und das Gemüse mit dem Kochwasser, dem Apfelsaft und dem Öl im großen Becher des Magic Maxx lauwarm abkühlen lassen. Das Kreuzmesser aufschrauben, alles kräftig schütteln und pürieren.

Unsere Tipps

! Tiefgefrorener Babybrei wird erst zum Essen aufgetaut und erwärmt – entweder im sehr heißen Wasserbad oder in der Mikrowelle. Manche Experten raten auch, den Brei nach dem Auftauen noch einmal kräftig aufzukochen und dann unter Rühren möglichst rasch auf die richtige Esstemperatur von 37 bis 40 °C abkühlen zu lassen.

! Für die Mikrowelle brauchen Sie mikrowellengeeignetes Geschirr, Plastikfläschchen und Sauger sollten Sie nicht verwenden. Die Gläschen oder speziellen Boxen müssen Sie vorab öffnen, damit kein Überdruck entsteht, der die Behälter platzen lässt.

! Lebensmittel erwärmen sich in der Mikrowelle ungleichmäßig, deshalb müssen Sie den Brei vor dem Füttern gut durchrühren und auf die richtige Temperatur prüfen. Säuglinge vertragen lauwarmes Essen am besten.

! Achtung: Einmal erhitzten Babybrei dürfen Sie wegen der Gefahr von Keimen nicht noch mal aufwärmen.

Gemüsebrei mit Haferflocken

Ab dem 8. Monat **Ergibt 1 Portion**
Sie brauchen einen großen Becher, Kreuzmesser
Arbeitszeit 10 Minuten **Garen und Abkühlen 30 Minuten**

100 g Brokkoliröschen • 50 g Fenchel • 50 g Kartoffel
1/8 l stilles Mineralwasser (-> Seite 16) • 10 g Instant-Haferflocken
6 EL Apfelsaft mit Vitamin C • 2 TL Rapsöl

1 Den Fenchel putzen und die Kartoffel schälen. Beide Zutaten und den Brokkoli waschen und zerkleinern.

2 Die Kartoffel mit dem Mineralwasser aufkochen, das Gemüse zugeben, aufkochen und zugedeckt bei schwacher bis mittlerer Hitze in etwa 10 Minuten weich dünsten.

3 Das Gemüse und die Kartoffel mit dem Kochwasser, den Haferflocken, dem Apfelsaft und dem Öl im großen Becher des Magic Maxx lauwarm abkühlen lassen. Das Kreuzmesser aufschrauben, alles kräftig schütteln und pürieren.

Ernährungstipp

Um den steigenden Eisenbedarf Ihres Kindes zu decken, ist Fleisch am besten: Rind, Schwein und Lamm enthalten noch mehr Eisen als Geflügel. Wenn Sie Ihr Baby vegetarisch ernähren wollen, müssen Sie den wichtigen Mineralstoff Eisen durch die Aufnahme von Getreide in den Speiseplan Ihres Babys ersetzen.
Im siebten Monat kommen da nur die reichlich Eisen enthaltenden Haferflocken infrage, ab dem achten Monat können Sie auch Hirseflocken zufüttern. Hirse gehört ebenfalls zu den Getreidearten mit einem hohen Anteil an blutbildendem Eisen, darüber hinaus enthält dieses Getreide auch viel Fluor für Knochen und Zähne und ist überdies glutenfrei.
Im neunten Monat wird der Babybrei dann mit Weichweizengrieß ergänzt.
Für einen vegetarischen Brei rühren Sie täglich 10 Gramm Haferflocken in den Brei und fügen Vitamin-C-reichen Saft oder Obstpüree hinzu: Die Zugabe von Vitamin C ist besonders wichtig, denn es hilft dem Körper, Eisen aus pflanzlichen Lebensmitteln gut zu verwerten.

Blumenkohl-Birnenbrei mit Kalbsfilet

Ab dem 8. Monat **Ergibt 1 Portion**
Sie brauchen einen großen Becher, Kreuzmesser
Arbeitszeit 10 Minuten **Garen und Abkühlen 30 Minuten**

30 g Kalbsfilet • 100 g Blumenkohlröschen • 50 g Kartoffel • 1/8 l stilles Mineralwasser (-> Seite 16) • 50 g geschälte Birne • 2 TL Olivenöl

1 Das Kalbsfilet würfeln, den Blumenkohl und die Kartoffel waschen und zerkleinern.

2 Die Kartoffel mit dem Mineralwasser in einem kleinen Topf aufkochen, Fleisch und Blumenkohl zugeben, erneut aufkochen und zugedeckt bei schwacher bis mittlerer Hitze in etwa 10 Minuten weich dünsten.

3 Das Fleisch, die Kartoffel und den Blumenkohl mit dem Kochwasser, der zerkleinerten Birne und dem Öl im großen Becher des Magic Maxx lauwarm abkühlen lassen. Das Kreuzmesser aufschrauben, alles kräftig schütteln und pürieren.

Kann man Fleisch durch Eigelb ersetzen?

In manchen Ratgebern für Säuglingsernährung findet man den Tipp für Vegetarier, Fleisch durch Eigelb zu ersetzen. Tatsächlich liefert die Verbindung von Ei mit Kartoffeln oder Getreide sehr hochwertiges Eiweiß, das der menschliche Organismus gut verwerten kann. Dennoch rät das Dortmunder Forschungsinstitut für Kinderernährung von Eigelb im Babybrei ab. Denn obwohl Eigelb viele Nährstoffe enthält, ist es für die Ernährung von Säuglingen nicht notwendig. Eiweiß und Fett bekommt Ihr Kind außer mit Fleisch auch mit Kartoffeln, Haferflocken und Öl. Das Eisen im Eigelb ist für den Organismus schwer zu verwerten. Zudem gehören Eier zu den Lebensmitteln mit hohem Allergierisiko. Falls Sie sich dennoch für Ei entscheiden, müssen Sie ganz frische Bio-Eier oder Eier aus Freilandhaltung nehmen. Bio-Eier erkennen Sie an der sechseckigen Wabe mit dem Schriftzug »Bio nach EG-Verordnung« auf der Verpackung oder der »0« als erster Kennziffer des Aufdrucks auf dem Ei selbst. Eier aus Freilandhaltung haben die Kennziffer »1«. Kochen Sie die Eier mindestens acht Minuten. Von rohem Eigelb im Brei ist wegen der Salmonellengefahr dringend abzuraten.

Kohlrabi-Apfelbrei mit Haferflocken

Ab dem 8. Monat **Ergibt 1 Portion**
Sie brauchen einen großen Becher, Kreuzmesser
Arbeitszeit 10 Minuten **Garen und Abkühlen 30 Minuten**

100 g Kohlrabi • 100 g Kartoffel • 1 TL zarte Kohlrabiblättchen
1/8 l stilles Mineralwasser (-> Seite 16) • 1 EL Instant-Haferflocken
50 g geschälter Apfel • 2 TL Rapsöl

1 Den Kohlrabi, die Kohlrabiblättchen und die Kartoffel waschen. Den Kohlrabi und die Kartoffel schälen und in kleine Würfel schneiden.

2 Die Kartoffel mit dem Mineralwasser aufkochen, die Kohlrabiwürfel und -blättchen zugeben, erneut aufkochen und zugedeckt bei schwacher bis mittlerer Hitze in etwa 10 Minuten weich dünsten.

3 Das Gemüse und die Kartoffel mit dem Kochwasser, den Haferflocken, dem zerkleinerten Apfel und dem Öl in den großen Becher des Magic Maxx geben und lauwarm abkühlen lassen. Das Kreuzmesser aufschrauben, alles kräftig schütteln und pürieren.

Ernährungstipp

Sie brauchen nicht für jede neue Kombination von Gemüse, Fleisch, Getreide und Obst ein eigenes Rezept. Bleiben Sie bis Ende des siebten Monats einfach bei maximal sieben verschiedenen Zutaten: Kartoffel, Fleisch oder Haferflocken (-> Seite 30), ein bis zwei Gemüsesorten, Obst oder Obstsaft, Wasser und Pflanzenöl. Achten Sie darauf, dass Sie immer nur ein neues Lebensmittel einführen. Füttern Sie dieses neue Lebensmittel einige Tage und achten Sie auf eventuell auftretende Hautunverträglichkeiten. Erst wenn diese ausgeschlossen sind, können Sie die nächste Zutat einführen. Gute Kombinationen für Ihr Baby sind:

- Kartoffel, Kohlrabi, Schweinefleisch, Apfel, Wasser und Sonnenblumenöl
- Kartoffel, Putenbrust, Blumenkohl, Fenchel, Apfelsaft, Wasser und Rapsöl
- Kartoffel, Kürbis, Pastinake, Apfel, Haferflocken, Wasser und Maiskeimöl
- Kartoffel, Zucchini, Haferflocken, Banane, Wasser, Apfelsaft und Rapsöl
- Kartoffel, Rindfleisch, Brokkoli, Möhre, Wasser, Apfelsaft und Olivenöl

Kürbisbrei mit Hähnchen

Ab dem 9. Monat — **Ergibt 1 Portion**
Sie brauchen einen Mixer, Kreuzmesser
Arbeitszeit 10 Minuten — **Garen und Abkühlen 30 Minuten**

30 g Hähnchenbrustfilet • 100 g rotes Hokkaido-Kürbisfleisch
50 g Kartoffel • 200 ml stilles Mineralwasser (-> Seite 16)
50 g geschälter Apfel • 2 Petersilienblättchen
3 EL Apfelsaft mit Vitamin C • 2 TL Maiskeimöl

1 Das Fleisch kalt abspülen, trocken tupfen und würfeln. Den Kürbis fein zerkleinern. Die Kartoffel schälen, waschen und würfeln.

2 Die Kartoffel mit dem Mineralwasser aufkochen, das Fleisch und den Kürbis zugeben, erneut aufkochen und zugedeckt bei schwacher bis mittlerer Hitze in etwa 10 Minuten weich dünsten.

3 Das Fleisch, den Kürbis und die Kartoffel mit dem Kochwasser, dem zerkleinerten Apfel, den gewaschenen Petersilienblättchen, dem Apfelsaft und dem Maiskeimöl in den Magic Maxx Mixer mit dem Kreuzmesser geben und lauwarm abkühlen lassen. Gut umrühren und pürieren, dabei eventuell noch Mineralwasser zugeben, damit der Brei geschmeidig ist.

Ernährungstipp

Statt Kartoffeln kann Ihr Baby ab dem neunten Monat auch Reis, Hirse und sogar Weizen im herzhaften Brei essen, denn Sie füttern abends ja ohnehin Milch-Getreidebrei (-> Rezepte ab Seite 52).
Wie bei den übrigen Zutaten sollten Sie auch hier auf biologischen Anbau achten und Vollkornprodukten den Vorzug gegenüber Getreide aus konventionellem Anbau geben. Besonders praktisch sind Instant-Getreideflocken, die man nicht kochen, sondern nur mit kochendem Wasser übergießen muss – richten Sie sich bei der Zubereitung nach den Angaben auf der Packung.
Für einen vegetarischen Brei ersetzen Sie Hähnchen und Maiskeimöl durch einen Esslöffel Sahne. Dieses Milchprodukt liefert zusammen mit Kartoffeln oder Getreideflocken sehr hochwertiges Eiweiß und dazu noch genügend Fett.

Bohnen-Kartoffelbrei mit Nudeln

Ab dem 9. Monat **Ergibt 1 Portion**
Sie brauchen einen großen Becher, Kreuzmesser
Arbeitszeit 10 Minuten **Garen und Abkühlen 30 Minuten**

50 g grüne Bohnen • 100 g mehlige Kartoffel
1/8 l stilles Mineralwasser (-> Seite 16) • 1 EL Buchstaben-Nudeln
1 TL Petersilienblättchen • 50 g geschälter Apfel • 2 TL Olivenöl

1 Die Bohnen und die Kartoffel waschen. Die Bohnen putzen und einmal durchbrechen. In einem mittelgroßen Topf reichlich Wasser ohne Salz aufkochen. Die Bohnen zugeben, erneut aufkochen und 10 Minuten sprudelnd kochen. Die Nudeln zugeben und weitere 5 Minuten garen.

2 Inzwischen die Kartoffel schälen, würfeln und in einem kleinen Topf mit dem Mineralwasser in etwa 10 Minuten weich garen.

3 Die Bohnen und Nudeln abgießen. Die Kartoffel mit dem Kochwasser, dem zerkleinerten Apfel, den gewaschenen Petersilienblättchen, den Bohnen, den Nudeln und dem Öl in den großen Becher des Magic Maxx geben und lauwarm abkühlen lassen. Das Kreuzmesser aufschrauben, alles kräftig schütteln und pürieren.

Ernährungstipp

Olivenöl sollte Ihr Baby nur im Wechsel mit Raps-, Sonnenblumen- und Maiskeimöl bekommen. Denn Olivenöl enthält zwar sehr gesunde Fettsäuren, die Herz und Gefäße schützen. Doch für seinen Stoffwechsel braucht Ihr Kind auch die anderen Öle mit mehrfach ungesättigten Fettsäuren. Einige davon sind essenzielle Fettsäuren, die der menschliche Organismus nicht selbst bilden, sondern nur aus der Nahrung aufnehmen kann. Auf kalt gepresstes Öl sollten Sie im ersten Lebensjahr lieber verzichten. Denn kalt gepresste, das heißt nicht raffinierte Öle, gelten aufgrund der schonenderen Verarbeitung zwar als die geschmacklich hochwertigeren Öle, sie können jedoch Stoffe enthalten, die Babys nicht vertragen. Raffinierte Öle dagegen sind aufgrund des Herstellungsprozesses »reiner« und enthalten auch keine Eiweißbestandteile mit Allergierisiko.

Möhrenbrei mit Butter und Fleisch

Ab dem 9. Monat **Ergibt 1 Portion**
Sie brauchen einen großen Becher, Kreuzmesser
Arbeitszeit 10 Minuten **Garen und Abkühlen 30 Minuten**

30 g Schweinefilet • 1 junge Möhre • 50 g Pastinake • 100 g Kartoffel
1/8 l stilles Mineralwasser (-> Seite 16) • 50 g geschälter Apfel • 2 TL Butter

1 Das Fleisch würfeln, die Möhre, die Pastinake und die Kartoffel waschen, schälen und in dünne Scheiben schneiden.

2 Die Kartoffel mit dem Mineralwasser aufkochen, das Fleisch und das Gemüse zugeben, erneut aufkochen und zugedeckt bei schwacher bis mittlerer Hitze in etwa 10 Minuten weich dünsten.

3 Die Kartoffel, das Fleisch und das Gemüse mit dem Kochwasser, dem zerkleinerten Apfel und der Butter in den großen Becher des Magic Maxx geben und lauwarm abkühlen lassen. Das Kreuzmesser aufschrauben, alles kräftig schütteln und pürieren.

Ernährungstipp

Butter enthält Milcheiweiß. Deshalb dürfen Sie Ihrem Baby das Löffelchen Butter genau wie den Schuss Sahne erst nach Einführung von Kuhmilch (-> Seite 52) in den Brei mischen. Davor wird der Fettbedarf durch Öl (-> Seite 38) gedeckt. Pflanzliche und später auch tierische Fette sind wichtig für die Ernährung Ihres Babys. Denn sie liefern wichtige Energien, die es für sein enormes Wachstum im ersten Lebensjahr benötigt. Zudem enthalten Nahrungsfette auch die fettlöslichen Vitamine A, D, E und K, die ohne Fett vom Körper nicht aufgenommen werden können. Butter beispielsweise enthält zudem leicht verdauliches Milchfett. Dies ist bekömmlich, weil sein Schmelzpunkt noch unter der menschlichen Körpertemperatur liegt.
Grundsätzlich bekommt Ihr Kind mehr pflanzliche Lebensmittel als Fleisch, Butter und Sahne. Erstens liefern Pflanzen bestimmte Substanzen, die das Verdauungssystem gesund erhalten. Zweitens wirkt Gemüse im Körper basenbildend und sorgt für einen ausgeglichenen Säuren-Basen-Haushalt.

Fruchtiger Fenchelbrei

Ab dem 9. Monat **Ergibt 1 Portion**
Sie brauchen einen großen Becher, Kreuzmesser
Arbeitszeit 10 Minuten **Garen und Abkühlen 30 Minuten**

100 g zarter Fenchel • 50 g Kartoffel
1/8 l stilles Mineralwasser (-> Seite 16) • 50 g geschälter Apfel
1/2 geschälte Banane • 3 EL Apfelsaft mit Vitamin C
20 g Instant-Reisflocken • 2 TL Rapsöl

1 Den Fenchel vom Strunk befreien, die Kartoffel schälen. Beide Zutaten waschen und zerkleinern.

2 Die Kartoffel mit dem Mineralwasser aufkochen, den Fenchel zugeben, erneut aufkochen und zugedeckt bei schwacher bis mittlerer Hitze in etwa 10 Minuten weich dünsten.

3 Den Fenchel und die Kartoffel mit dem Kochwasser, dem zerkleinerten Apfel, der Banane, dem Apfelsaft, den Flocken und dem Öl in den großen Becher des Magic Maxx geben, lauwarm abkühlen lassen und pürieren.

Ernährungstipp

Reisflocken sollten Sie Ihrem Baby nur geben, wenn Sie auch regelmäßig Fleisch füttern. Für eine vegetarische Ernährung enthält Reis zu wenig Eiweiß und Eisen. Nehmen Sie dann lieber Haferflocken (-> Seite 30) und ergänzen Sie den Brei mit einem Esslöffel Sahne anstelle von Maiskeimöl.
Äpfel sollten Sie regelmäßig füttern, weil Äpfel leicht verdaulich sind, eine Menge Vitamin C enthalten und durch den Ballaststoff Pektin den Darm Ihres Kindes auf sanfte Weise pflegen.

Bitte beachten

Zucker oder Honig ist für Ihr Baby frühestens ab dem zehnten Monat geeignet. Vorher nehmen Sie zum Süßen ganz einfach zerdrückte Banane, Obstpüree oder Saft.

Süßer Babybrei

Süße Breie mit Obst, Getreide und Milch verträgt Ihr Baby, wenn es an Herzhaftes schon gewöhnt ist. Gefüttert wird der süße Brei vom siebten bis neunten Monat jeden Tag zweimal: Getreide mit Obst gibt es als dritte Mahlzeit, danach Milch-Getreide-Brei als viertes und letztes Essen vor dem Schlafengehen. Wie im ersten Kapitel sind auch diese zwölf Rezepte Schritt für Schritt nach Zutaten aufgebaut, damit das Verdauungssystem Ihres Kindes nicht überfordert wird. Außerdem wissen Sie bei möglichen Unverträglichkeitssymptomen sofort, welches Lebensmittel der Auslöser sein könnte. Wieder finden Sie alle wichtigen Infos, Tipps und Fragen direkt unter dem Rezept.

Der erste Obstbrei

Ab dem 6. Monat | **Ergibt 10–15 Portionen**
Sie brauchen einen Mixer, Kreuzmesser
Arbeitszeit 10 Minuten | **Garen und Abkühlen 30 Minuten**

500 g süße Äpfel, Birnen, Aprikosen, Nektarinen oder Pfirsiche
1/8 l stilles Mineralwasser (-> Seite 16)

1 Das Obst vorbereiten: Äpfel und Birnen vierteln, schälen und vom Kerngehäuse befreien. Aprikosen, Nektarinen und Pfirsiche überbrühen, abziehen und entsteinen.

2 Das Obst in Stücke schneiden und mit dem Wasser aufkochen. Zugedeckt bei mittlerer bis schwacher Hitze in 5 bis 10 Minuten weich dünsten. Lauwarm abkühlen lassen.

3 Das Obst mit dem Kochwasser portionsweise im Magic Maxx Mixer mit dem Kreuzmesser fein pürieren. In Portionen von jeweils einem Esslöffel einfrieren.

Ernährungstipp

Reines Obstpüree in Teelöffel-Portionen schmeckt Ihrem Kind ab dem sechsten Monat. Füttern Sie das gedünstete Obst, bevor Sie rohes Obst in einem herzhaften oder süßen Brei einführen. Am besten beginnen Sie mit milden, süßen Äpfeln. Danach kommen schön reife Birnen auf den Speisezettel Ihres Kindes. Beide Obstsorten sollten natürlich aus kontrolliert ökologischem Anbau stammen. Ab Juli kommen Aprikosen, dann Nektarinen und Pfirsiche auf den Markt, die Sie als dritte Sorte nehmen können – allerdings müssen die Früchte wirklich reif und süß sein.

Mit Obstbrei reichern Sie natürlich in erster Linie den Getreidebrei an, den Ihr Baby ab dem siebten Monat bekommt. Doch Sie können Obstpüree auch anstelle von rohem Obst oder Fruchtsaft in einen herzhaften Brei mischen.

Obstbrei können Sie auch einfrieren, und zwar in den Mini-Portionen, die Ihr Baby essen mag. Geben Sie das abgekühlte Püree dazu am besten in den sauber gespülten Eiswürfelbehälter. Sobald die Würfel hart sind, werden sie zum leichteren Entnehmen in eine Tiefkühlbox umgefüllt.

Haferflocken-Obstmus

Ab dem 6. Monat **Ergibt 1 Portion**
Sie brauchen einen kleinen Becher, Kreuzmesser
Zubereitung: 10 Minuten

1 EL Instant-Haferflocken • 5 EL stilles Mineralwasser (-> Seite 16)
1 kleines Stück reife geschälte Banane • 2 EL Apfel-Möhrensaft
1 EL Obstpüree

Die Flocken mit kochend heißem Mineralwasser übergießen und kurz quellen lassen. Mit der Banane und dem Apfelsaft in den kleinen Becher mit dem Kreuzmesser geben, kräftig schütteln und pürieren. Obstpüree untermischen.

Obstmus mit Kürbis

Ab dem 6. Monat **Ergibt 1 Portion**
Sie brauchen einen kleinen Becher, Kreuzmesser
Arbeitszeit 10 Minuten **Garen und Abkühlen 30 Minuten**

50 g rotes Hokkaido-Kürbisfleisch
100 ml stilles Mineralwasser (-> Seite 16) • 2 EL Apfelsaft mit Vitamin C
1 kleines Stück geschälte Banane • 2 EL Obstpüree

Den Kürbis fein zerkleinern, mit dem Mineralwasser aufkochen und zugedeckt bei schwacher bis mittlerer Hitze in etwa 10 Minuten weich dünsten. Mit Kochwasser, Saft, Banane und Obstpüree im kleinen Becher lauwarm abkühlen lassen. Das Kreuzmesser aufschrauben, alles kräftig schütteln und pürieren.

Obstmus mit Reisflocken

Ab dem 6. Monat **Ergibt 1 Portion**
Sie brauchen einen großen Becher, Kreuzmesser
Arbeitszeit 5 Minuten **Quellen und Abkühlen 20 Minuten**

20 g Instant-Reisflocken • 150 ml stilles Mineralwasser (-> Seite 16)
1 kleines Stück reife geschälte Banane • 1/2 geschälter Apfel
1 EL Obstpüree

Das Mineralwasser aufkochen, die Flocken einrühren und etwa 20 Minuten quellen lassen. Dann die Flocken mit der Banane und dem Apfel in den großen Becher des Magic Maxx mit dem Kreuzmesser geben, kräftig schütteln und fein pürieren. Das Obstpüree untermischen.

Obstmus mit Zwieback

Ab dem 7. Monat **Ergibt 1 Portion**
Sie brauchen einen kleinen Becher, Kreuzmesser
Zubereitung 10 Minuten

1 Scheibe ungesüßter Zwieback ohne Ei • 6 EL Apfel-Möhrensaft
1 kleines Stück geschälte Banane • 1 EL Obstpüree

Den Zwieback in kleine Stücke brechen und im kleinen Becher des Magic Maxx mit dem Kreuzmesser zerkleinern. Den Becher öffnen, den Obstsaft, die Banane und das Obstpüree zugeben, das Kreuzmesser wieder aufschrauben und alles fein pürieren.

Der erste Milch-Getreidebrei

Ab dem 8. Monat **Ergibt 1 Portion**
Sie brauchen einen großen Becher, Kreuzmesser
Arbeitszeit 5 Minuten **Quellen und Abkühlen 20 Minuten**

20 g blütenzarte Vollkorn-Haferflocken • 200 ml Vollmilch (3,5 %)
1/2 geschälte Banane • 1 EL Apfelsaft mit Vitamin C

1 Die Haferflocken in den großen Becher des Magic Maxx geben. Die Milch aufkochen, die Flocken damit übergießen und 20 Minuten quellen lassen.

2 Die zerkleinerte Banane zu den Flocken geben, das Kreuzmesser aufschrauben, alles kräftig schütteln und pürieren. Den Apfelsaft untermischen.

Ernährungstipp

Diesen Abendbrei füttern Sie frühestens zu Beginn des achten Monats. Sie brauchen dazu nur Milch, Getreide und Obst: Praktisch ohne Allergierisiko sind Reisflocken, die Sie ohnehin schon eingeführt haben. Wenn es schnell gehen soll, rühren Sie in den fertig gekochten Brei einen Löffel Obstpüree, das Sie vermutlich im Vorrat haben (-> Ernährungstipp auf Seite 46). Wichtig ist vor allem der Vitamin-C-Gehalt, damit Ihr Kind das Eisen in den Haferflocken auch gut aufnehmen kann.

Bitte beachten

Kuhmilch dürfen nur gesunde Säuglinge bekommen, weil sie im ersten Lebensjahr der häufigste Auslöser für Allergien ist. Wenn Sie nicht sicher sind, machen Sie einen Test, indem Sie ein paar Tropfen Milch auf dem Ärmchen Ihres Kindes verreiben. Treten auch nach zwei Stunden noch keine Hautreaktionen auf, können Sie die Milch in den Speiseplan aufnehmen, vorsichtshalber in den ersten Tagen mit Wasser verdünnt und abgekocht.
Nehmen Sie grundsätzlich pasteurisierte Vollmilch mit einem Fettgehalt von 3,5 Prozent, damit Ihr Baby ausreichend Fett bekommt. Vorzugs- oder Rohmilch kann trotz aller Sorgfalt Krankheitskeime enthalten und ist deshalb für Säuglinge und Kleinkinder nicht geeignet.

Apfelbrei mit Hirseflocken

Ab dem 8. Monat **Ergibt 1 Portion**
Sie brauchen einen großen Becher, Kreuzmesser
Arbeitszeit 10 Minuten **Quellen und Abkühlen 20 Minuten**

200 ml Vollmilch (3,5 %) • 20 g Hirseflocken • 1/2 geschälter Apfel
1 TL Sahne

1 Die Milch aufkochen, die Flocken einrühren und erneut aufkochen. Neben der Kochstelle 20 Minuten quellen lassen.

2 Die Flocken mit dem Apfel im großen Becher des Magic Maxx mit dem Kreuzmesser fein pürieren. Die Sahne unterrühren.

Birnen-Grießbrei

Ab dem 8. Monat **Ergibt 1 Portion**
Sie brauchen einen großen Becher, Kreuzmesser
Arbeitszeit 5 Minuten **Garen und Abkühlen 30 Minuten**

200 ml Vollmilch (3,5 %) • 20 g Dinkel- oder Weichweizengrieß
1 kleine, vollreife geschälte Birne • 1 TL Sahne

Die Milch aufkochen, den Grieß einrühren und zugedeckt bei schwächster Hitze 10 Minuten ausquellen lassen. Den Grießbrei mit der Birne im großen Becher des Magic Maxx lauwarm abkühlen lassen. Das Kreuzmesser aufschrauben, alles kräftig schütteln und fein pürieren. Sahne unterrühren.

Bananen-Flockenbrei mit Sahne

Ab dem 8. Monat **Ergibt 1 Portion**
Sie brauchen einen großen Becher, Kreuzmesser
Arbeitszeit 10 Minuten **Quellen und Abkühlen 20 Minuten**

20 g blütenzarte Vollkorn-Haferflocken • 200 ml Vollmilch (3,5 %)
1/2 geschälte Banane • 2 EL Apfel-Möhrensaft • 1 EL Obstpüree
1 EL Sahne

Die Haferflocken in den großen Becher geben, mit heißer Milch übergießen und 20 Minuten quellen lassen. Banane zugeben und alles mit dem Kreuzmesser fein pürieren. Den Saft, das Obstpüree und die Sahne untermischen.

Pfirsichbrei mit Grieß

Ab dem 8. Monat **Ergibt 1 Portion**
Sie brauchen einen großen Becher, Kreuzmesser
Arbeitszeit 5 Minuten **Garen und Abkühlen 30 Minuten**

200 ml Vollmilch (3,5 %) • 20 g Dinkel- oder Weichweizengrieß
1 reifer Pfirsich • 1 TL Sahne

Die Milch aufkochen, den Grieß einrühren und zugedeckt bei schwächster Hitze 10 Minuten ausquellen lassen, dabei immer wieder umrühren. Den Pfirsich abziehen, achteln und entsteinen. Mit dem Grießbrei in den großen Becher des Magic Maxx geben und alles lauwarm abkühlen lassen. Mit dem Kreuzmesser fein pürieren. Die Sahne unterrühren.

Reisbrei mit Aprikosen

Ab dem 8. Monat **Ergibt 1 Portion**
Sie brauchen einen großen Becher, Kreuzmesser
Arbeitszeit 5 Minuten **Garen und Abkühlen 50 Minuten**

200 ml Vollmilch (3,5 %) • 20 g Milchreis • 1 reife Aprikose
1 EL Obstpüree • 1 EL Sahne

1 Die Milch aufkochen, den Reis einrühren und erneut aufkochen. Zugedeckt bei schwächster Hitze 30 Minuten garen, dabei immer wieder umrühren.

2 Die Aprikose abziehen, vierteln und entsteinen. Mit Reisbrei und Obstpüree in den großen Becher des Magic Maxx geben und alles lauwarm abkühlen lassen. Mit dem Kreuzmesser fein pürieren. Die Sahne unterrühren.

Unser Tipp

! Mit Reisflocken ist der Brei viel schneller zubereitet. Wenn Sie eine Getreidemühle besitzen, können Sie den Reis auch fein mahlen.

Gutes Getreide

Das sind im ersten Lebensjahr leicht verdauliche und allergenarme Flocken aus Hafer, Reis und Hirse. Reis, Hirse und Maismehl sind außerdem glutenfrei. Am besten wählen Sie Vollkornflocken, die Ihrem Baby eine gute Portion pflanzliches Eiweiß, Eisen und Ballaststoffe für einen gesunden Darm liefern. Nach diesen Getreidearten können Sie Weichweizen oder Dinkelgrieß einführen.
Flocken und anderes Getreide dürfen weder Zucker noch andere Süßmittel enthalten. Das gilt auch für Instant-Flocken, Baby-Flocken oder Frischmilchbrei aus der Tüte. Für die Zubereitung beachten Sie bitte die Angaben auf der Verpackung.

Bitte beachten

Manche Säuglinge vertragen die Kombination von Milch und Obst nicht; nehmen Sie dann Wasser anstelle von Milch und füttern Sie Obstbrei als dritte Mahlzeit, Milch-Getreidebrei als letzte Mahlzeit.

Baby-Porridge

Ab dem 9. Monat **Ergibt 1 Portion**
Sie brauchen einen großen Becher, Kreuzmesser
Arbeitszeit 10 Minuten **Quellen und Abkühlen 20 Minuten**

200 ml Vollmilch (3,5 %) • 20 g blütenzarte Vollkorn-Haferflocken
1 TL ungeschwefelte Rosinen • 1/2 geschälter Apfel
1/2 geschälte Banane • 1 TL Sahne

1 Die Milch aufkochen, die Flocken einrühren und erneut aufkochen. Die Rosinen untermischen und den Brei zugedeckt bei schwächster Hitze 5 Minuten ausquellen lassen. Dabei hin und wieder umrühren.

2 Den Flockenbrei mit dem Apfel und der Banane in den großen Becher des Magic Maxx geben und lauwarm abkühlen lassen. Sahne zugeben und mit dem Kreuzmesser fein pürieren.

Bitte beachten

Nüsse lassen Sie im ersten Lebensjahr Ihres Kindes lieber weg, denn sie gehören zu den Lebensmitteln mit dem höchsten Allergierisiko. Deshalb sollten allergiegefährdete Kinder Nüsse und Mandeln sogar erst im dritten Jahr bekommen. Ratgeber für vollwertige und vegetarische Babyernährung empfehlen Mandelmilch und Sesammus als Kalziumspender. Tatsächlich sind beide Produkte reich an diesem für die Knochenbildung Ihres Kindes so wertvollen Mineralstoff. Besprechen Sie sich erst mit Ihrem Kinderarzt, bevor Sie ein problematisches Lebensmittel füttern.

Die Zutatenliste lesen

Achten Sie bei Brei aus der Tüte, Gläschenkost und anderen Fertiggerichten für Säuglinge und Kleinkinder auf den Zusatz von Nüssen. Grundsätzlich sollte die Zusammensetzung so einfach wie möglich sein. Auch Aromen wie Vanille oder Zimt gehören ebenso wenig in den Babybrei wie Schokolade und Kakao. Zucker verbirgt sich im Zutatenverzeichnis hinter Begriffen wie Saccharose, Glucose, Glucosesirup, Fructose, Maltose und Maltodextrin.

My

Über dieses Buch

Die Autorin
Dr. Barbara Rias-Bucher, geboren 1948 in München, Mitglied des Food Editors Club, arbeitet seit über 20 Jahren für renommierte Verlage. International bekannt wurde sie durch ihre mehrfach ausgezeichneten Bücher zu vegetarischer und vollwertiger Ernährung. Die Auflage ihrer etwa 150 Bücher liegt bei 2,5 Millionen. Barbara Rias-Bucher zählt zu den wichtigsten deutschen Autoren für Koch- und kulinarische Sachbücher. Sie gilt als Expertin für alternative Ernährungsformen, die auch Feinschmecker mögen. Daneben hat sich die studierte Historikerin auf regionale kulinarische Traditionen und auf die internationale Kultur des Essens spezialisiert.

Bildnachweis
Alle Fotos: Mauritius-Images, außer Cover-Freisteller Magic Maxx und Seite 7 (Karl Newedel, München)

Haftungsausschluss
Die Inhalte dieses Buches sind sorgfältig recherchiert worden. Dennoch können weder die Autorin noch der Verlag für die Angaben in diesem Buch eine Haftung übernehmen.

Impressum

Weltbild Buchverlag
–Originalausgaben–

Projektleitung: Gerald Fiebig
Redaktion: Anna Cavelius
Umschlaggestaltung:
X-Design, München
Umschlagfotos: Mauritius-Images
Satz: Brigitte Tschöcke, Augsburg
Reproduktion: Point of Media GmbH, Augsburg
Druck und Bindung: Typos-Digital Print, Plzen

Gedruckt auf chlorfrei gebleichtem Papier

Printed in the EU

ISBN 978-3-89897-680-0

Hinweis in eigener Sache
Unsere Rezepte werden von erfahrenen Fachautoren kreiert und erprobt. Wir freuen uns jedoch über Anregungen, Tipps oder Kritik und helfen bei Fragen gerne weiter. Bitte wenden Sie sich an: Weltbild Buchverlag, Steinerne Furt, 86167 Augsburg oder schicken Sie uns eine E-Mail an: Gabriele.Beck@weltbild.com

Rezeptregister

Ab welchem Monat?

Ab dem 6. Monat

Ab dem 7. Monat

Ab dem 8. Monat

Ab dem 9. Monat

Sach- und Zutatenregister